AF359258

FABLES

ET

ANECDOTES

AMUSANTES

ÉCRITES EN

PATOIS DE SAINT-AMAND

Vendu au profit du Patronage de Saint Louis de Gonzague
de Saint-Amand

ANZIN

IMPRIMERIE DE E. DUGOUR

1864

AVERTISSEMENT

Nous parcourions, il y a quelques années, les fameux *Armonaques Montois* ; cette lecture nous inspira l'idée d'écrire, en patois de Saint-Amand, certaines pièces que nos condisciples applaudirent.

Depuis, nous avions entièrement perdu de vue ces tentatives de délassement littéraire, lorsque les sollicitations de personnes recommandables, et le désir de concourir à une bonne œuvre nous décidèrent à publier quelques-unes de nos compositions.

Néanmoins, ce n'est pas sans crainte que nous laissons paraître un travail qui, n'ayant pas pour se produire notre belle langue française, pourra susciter des critiques plus ou moins fondées. Mais nous osons compter sur une judicieuse indulgence pour le ROUCHI (1), pour cet idiôme

(1) Le Rouchi, qui est le patois parlé dans le pays dont Valenciennes peut être considéré comme le centre, commence à St-Amand où il se mêle avec le langage de Lille et du Tournésis... (*Dictionnaire Rouchi-Français* par Hécart, 3ᵉ édition, p. VI.)

chéri de nos pères, cet idiôme si pittoresque et si riche. On sait, de plus, que beaucoup de ses expressions, dues aux langues des peuples qui occupèrent notre contrée, rappellent agréablement le glorieux passé de la province du Hainaut.

D'ailleurs, nous ne faisons que marcher dans la voie tracée avec succès par des auteurs qui ont bien leur mérite. Est-il besoin de signaler Hécart et son précieux *Dictionnaire Rouchi*, Carion et ses fameuses *Epistoles kaimberlottes*, l'auteur de l'*Armonaque* de Mons, publication parvenue à sa dix-neuvième année, Desrousseaux, le joyeux et spirituel chansonnier lillois ?...

Nous osons donc présumer qu'un bienveillant accueil sera fait à cette publication. Ainsi, nous aurons la satisfaction d'avoir fourni aux personnes dévouées, l'occasion de concourir au développement d'une société utile et charitable.

El Quêne et l'Rosiau

I avot eune fos un quêne dins l'bos d'Chuchemont, lonque l'mason Bo`vin. Awi, més un quêne comme un n'd'a jamés vu d'pareil : i avot bin core pus d'six mille ans vieux.

Un p'tit cosse oute dé d'là, i avot eune grante fosse à pissons, et, tout in plein mitant, un biau rosiau qui s'ésplantot là li tout seu, fier comme un paon.

Un jour, l'grand Tape-mes-glennes, i prind ses leunettes nitrotopiques (1) et i s'met à r'wétier d'tous les côtés pou li vir si tout allot bin.

Tout d'un cop, i vot m'n'agozil : « M'pétit fieu, qui dit comme cha qui dit, té sés bin qué l'bon Dieu i a fét comme chés marchands d'lét baptisé, quand i t'a mis su c'monde chi ; t'n'as pont été servi juste.

(1) Microscopiques.

Eh ! p'tit viéreux, t'n'és pas fichu d'porter un rot'lot su les épaules ! T'és là qu'té trennes toudi comme un p'tit tien d'madame.

Ah més mi, ch'n'est né l'mème ! Erwéle, m'fieu, un ést capape d'monter su mes épaules au ciel sans étielle. Mi, jé m'fiche du solei, dé l'pleuève, du vint et du tonnerre. (J'cros bin qui arot osé dire qui s'fichot du bon Dieu, l'grand pouyeux !)

Tiens, m'n'ami, viens t'mette sous l'pan dé m'mantiau, ch'est là qué t's'ras bin ! Més, as-tu jamés vu qué t'vas fiche tes pieds dins l'breuque, putôt qué dé v'nir su l'plincher des vaques ! Té dos bin compreinte qué dé d'là l'vint n'té f'rot pont si facil'mint l'gambion. Infin, comme j'té l'disos d'talheure, t'n'as né été servi juste, paufe pétit diabe.

Vos pinsez, hasard, qué l'pétit drissous va prinne ses gampes à deux mains pou s'in aller au grandessimille galop sous l'parapluie du bosse ? Awi, pus souvint ! I s'erdrèche su ses fines gampes, et mettant ses deux mains lonque s'bièque pou li servir d'porte-voix, (t'sés comme l'zé faiseux d'jeux i font à l'ducasse) i s'met comme chà à crier tout sin pus fort : « Ed d'as bin d'jà vu, grand féseux d'imbarras, qu' j'iros m'mette sous t'niche !.. jé m'fiche d'ti, vos-tu , et du vint d'bisse avec ! Si j'abiaisse m'tiête d'vant l'vint, ch'est pacequé j'ai été à l'école des Frères, dù qu'ch'ést qu'un m'a dit qui fallot toudi saluer les gins qui passotent auprès d'mi. J'ai été mieux éduqué qu'ti , vos-tu ? T'as toudi fét queuète quand t'étos p'tit, et à ch't'heure t'és t'un fier cul ! Eh bin, si un d'ces quate matins t'fés l'poirier, chà s'ra bin arrivé, grand braillard qué t'és ? »

I fot avouer qué c'pétit gueux-là n'avot pas s'lanque mal immanchée, asseuré. Cheu qui a d'certain ch'ést qui a eù du bonheur qué l'quêne n'avot pas s'bras long assez ; sans chà i arot eù, d'sus s'guife, l'pus belle nieule qui n'avot jamais eüe d'sa vie.

I z'étotent-té là à s'piaillier, quand tout à n'un cop, i s'monte un vint du côté d'Hinnon ; awi, més un vint à faire involer tous les grandes madames à carolines.

Bonjour, vint... Bonsoir, vint... Bonjour vint... Bonsoir vint !.. qui fésot l'rosiau bin appris, in fésant des révérences à s'démantibuler les gigots.

Més l'aute (l'quêne), fier comme Batis qui vient d'faire

eune héritance, i s'tient ferme su ses grosses gampes dé bos.

El temps, celle fos chi, i veut ête l'pus fort. I prind ses écayottes du côté des Quatorse (t'sés, du qu'ch'ést qu'nos allons patiner in hiver) et puis... rrrrouf!.. patatrique, patatraque... bouuum!.. et i fiche no grand cosaque par tierre, les rachènes in l'air.

Si, dé c'cop là, l'cloqué d'l'abbye n'a nié dégringolé dins l'gardin mosieur Carlier, ch' n'ést qui t'not bin, j'vos l'garantis.

MORALE.

D'celle fabe chi, mes bons amis, v'là l'morale : malheur à les féseux d'imbarras, à les imblafes, à les orgueuieux, infin à tous les ceux qui n'sétent-té pont leu ployer quand y faut ; pace qu'un jour ou l'aute, un les f'ra ployer si fort qui s'ront ravernis par tierre pou toudi.

Saint-Amand, le 28 octobre 1861.

LE TOMBEAU DES DENTISTES

A bas l'zilixirs ! — A bas l'zarracheux d' deints !

A bas les charlatans !

Pus d'vieux chicots ! Pus d'rachaines !

L'incomparabilia Ratapalagaga !

Ermète souvérain conte les maux d' deints ! !

Qui est-ce qué ch'ést qui n'a pont eü mau à ses deints ? Qui est-ce qué ch'ést qui n'a pas bin des fos passé des nuits toutes intières sans freumer l'œil pa rapport à ces fichues broques ?

Ah més, y faut avouer qu'ch'ést un crane mau, un mau qui est capabe ed vos faire dév'nir sot , et d'vos faire séquer comme eune planque !

Un n'meurt pont d'celle maladie-là, ch'ést vrai ; ch'ést pourquoi i est bin rale qu'un a compassion d'vous. Bin du contraire, i d'a qui ont toudi l'air dé s'fiche ed vous, quand i vos votent dins celle position-là.

T'nez, in v'là un eximpe qu'j'ai intindu i n'a pont long-
temps, in m'porménant du côté du Pont-des-Turcs :
« Tiens ! qu'est-ce qué t'as ? qui dit comme chà Colas
à s'cousine Justine ; un dirot qu'tas du mau à tes
deints? »

« Ah n'm'in pale pas, qu'elle répond, i a huit jours
qué j'n'ai pont dormi gros comme m'pétit dogt ! J'maigris,
té dos bin l'vir, j'n'ai pas tant seul'mint mingé un onche
dé pain d'pus d'talheure eune sémaine ! »

« Comint ! t'maigris ? Bin du contraire, t'nas jamés été
si grasse, t'as là eune tiête comme eune chitrouille,
t'és rouclre comme eune cornille, t'as eune figure comme
eune pleine leune ! Awi, cousine, un vot bin qu'vos avez
été à l'ducasse d'Elchelles, l'tarte et l'gambon i ont eü
durte affaire avé vous, car vos d'avez gramint profité,
rien qué d'vos vir. »

A vo mote, quand un a chuché l'marmot pindint huit
lonques-et nuits, et qu'un intind dire des abominations
pareilles, cha vos fét-i plaisi, j'vos l'démante ? Et pourtant,
v'là les consolations qu'un vos donne ! Pour mi, j'sés bin
qu'si d'avot jamés un qui m'in dirot autant, j'y fich'ros

l'main su s'nez, et un rinfonch'mint qué'qu'part au d'seur du marché.

. Honneur au courage malheureux ! qui a dit no grand impéreur ! Mi j'in dis tout autant ; ch'est pourquoi quand-té j'vos un paufe malhureux qui a s'tiête bin infardélée à l'intour dé s'moucho, jé l'plains d'tout min cœur. Aussi, comme l'bon Dieu nous ercomminte d'soulager nos simblabes autant qu'nos l'povons, j'vas vos espliquer l'véritabe moyen d'vos erguérir pou toudi des maux d'deints.

Ch'ést un ermète qué j'tiens d'eune grand-mère, qui l'savot dé s'grand-père, qui l'avot li-même appris d'un d'ses vieux mon onques qui étot l'premier arracheux d'd'eints du pays à chinq chints lieux aux alintours.

Lé v'là tel qu'elle mé l'a raconté :

Lorsqué vos vos sintez des lanchures dins tout vo tiête jusqué dins vo téniasse, vos n'avez pas b'zon d'aller habile chez l'apothiçaire quère dé l'crisosote, du poife ou bin du roumarin ; tout chà ch'ést des bistoules. Més vos n'avez qu'à défaire vos chabots ou bin vos sorlets, si vos d'avez, et monter à vo guernier quère un biau pun d'capindu : l'pus biau surtout, sans cha un n'erguérit pas. Vos déquindez ıncore à pied d'quauchettes, et vos allez quère un coutiau à ponte ; vos l'perdez d'vo main gauche, et l'pun d'vo main droite, et vos cominchez à l'plurer in cominchant pa l'queue : surtout i faut faire bin attintion dé n'pas laisser l'plure s'brisier in deux pièches ; i faut ni cric, ni crac, qu'elle fuche tout d'un seul bout. Si, pa n'eune raison d'maladresse, vos avez manqué à cheu qué j'viens d'vos dire, i faut ruer l'pun, et r'monter au guernier in r'quère un aute, toudi à pied d'cauche. Quand vos avez fini dé l'pleumer, vos copez vo pun in quate morciaux bin égales, vos in ruez un dins l'puche, un aute d'su l'tot, l'trosième su l'cul du four. L'quatérième, vos l'perdez inter vo pouce et vo n'auriculaire, et vos allez vos mette à g'noux d'lonque vo n'étufe qui dot êle toute rouche. Vos faites alors tros fos AU NOM DU PÈRE avec vo pun, vos crachez tros fos d'sus. A ch't'heure, vos ouvrez vo bouque l'pus larque qué vos povez (larque assez pou infourner un pain mollet), et vos allez placher l'morciau d'capindu tout douch'mint, tout douch'mint su l'vieux chiquot qui vo fét inrager. Vos er'freumez vo bouque, ou bin vos l'laichez rouvert : chà ch'ést au choix du malate.

Abaissez vo tiête l'pus près du feu qu'vos peuvez ; vos y êtes ?.. Mi aussi. Eh bin, acoutez bin cheu qué j'vas vos dire : aussi vrai qué c'n'est nié eune carotte qué j'vos conte :

Quand l'pun qui est dins vo bouque i s'ra cuit, vo mau d'deints s'ra tout r'guéri.

10 novembre 1861.

EL JONE DÉ BRAME

ET

L'PÉQUEUX A L'LIME

***

Pa n'un caud diminche du mos d'août, Boulinger, l'premier péqueux à l'lime d'Saint-Amand, veyant qué l'temps s'tournot à l'orache, i avot pris ses limes su s'dos, s'malette dins s'poche, s'pot à viers à s'main ; et i s'étot indallé lonque l'bassin pou passer s'temps putôt qué d's'in d'aller au cabaret (1).

Jé n'sés pont si l'pisson avot l'diabe au corps éche jour

***

(1) A vo mote, si bel et bin des ouvériers d'not brafe ville d'Saint-Amand, i in fés'rottent autant, putôt qu'd'aller s'soûler comme des rossignols à glands, et puis, d'batte leus paufes femmes, d'brisier, d'casser tout quand i sont rintrés, cha n's'rot ti pas beaucoup mieux, j'vos l'démante ?

là ; més, cheu qui a d'certain, ch'èst qui avot pus d'quatre heures dé cloques qu'no péqueux étot assis auprès dé l'dique dé l'rivière, et i n'avot pas core eü l'pus p'tit mordache. « Vingt mille pétards ! j'cros qué l'pisson est incorcélé ! V'là qu'jai cangé d'plaches pus d'vingt fos, et i n'mort pont nulle part ! J'ai été au pétit pont, j'ai été au puisart Duhem, c'ha n'y fèt pont eune zique ! »

L'paufe diabe étot là à s'dérouiller, et i invoquot d'tout s'cœur *Noter-Dame-dé-Patieinche*, patronne des péqueux à l'lime. Bah wui ! ch'étot comme si avot voulu vidier l'rivière in tutant avec l'busiau dé s'pipe ; pas seul'mint un gouvion ! I allot s'in r'aller, quand tout à n'un cop, i vot s'bouchon qui plonque un p'tit cosette.

« Bon désmille ! In vl'à un ; cha n'dot pont ète un gros, i n'fèt qu'pluquer autour dé m'nin. Cha n'fèt rien, si j't'attrape, jé n'té lach'rai né ; quand même té s'ros eune impiêle ! »

I continue d'pluquer, i pluque, i pluque... i mord !... J'innn... i fèt Boulinger ; et i saque l'pisson hors dé l'iau su l'crète dé l'rivière... ch'étot un paufe pétit platiau !

« Et t'povos bin m'faire ichi droguer deux heures, fichu

p'tit étique, t'mérites qué j'té casse l'tiète conte l'mur ! »

L'pétit cœur dé l'paufe pétite biète i fésot des tic toc, des tic toc, des tic toc !.. A vo mote, si vos s'rites à s'plache, vos n'in frites pas bin tout autant ?

Pou cha, l'paufe pétit ennochint veyant qu'un étot tout prét à li faire faire l'pét bleu, i prind s'corache à deux mains, i r'comminte s'n'âme d'pisson à tous les saints et saintes du Paradis, et i cominche à débiter un préchemint capabe d'faire braire un caïau.

« Mosieur Boulinger,

» Si m'dernier quart d'heure i est prét à sonner, lai-
» chez-m'au moins vous parler un petit cosse. Si cheu
» qué j'peus vos dire n' mé rind pas la vie, au moins
» cha m'consol'ra in pinsant incore eune fos à m'ma
» mère avant d'morir.

» I n'a pont six s'maines qué j'lai quittée, celle bonne
» ma mère. Avant dé s'séparer d'tous ses infants, elle
» nous a tertous rassimblés sous les rachennes d'eune
» vieille sau, et après nous avoir imbrassés à grandes

» nageoires l'un après l'aute, elle nous a sermonnés
» ainsin :

« Mes chers infants, et toi, platiau, min p'tit garchon,
» toi qu'j'ai eü toudi si quier, bintôt i faudra nos séparer.
» Oh ! si nos povimes nos indaller tertout insenne nos
» caufer au solei au-d'seur d'l'iau, comme les porte-aux-
» sas au coin d'la place, ché s'rot là min bonheur. Més
» no s'rimes bintôt condamnés à morir dé faim ; chin est
» fét... I faut, i faut nos séparer !.. »

« Et no paufe ma mère elle brayot si fort qu'nos nos
» sommes mis à braire. Ch'étot eune vrai désolation ! Si
» vos avites vu cha, Mosieur Boulinger, vos n'arites pu
» vos impécher d'braire aussi.

» Elle a continué ainsin : Perdez bin garde à vo bièque
» et à vos yeux ; car les hommes ch'ést des rudes malins ;
» més l'pus malin d'eusses tous ch'est l'grand mosieur
» Boulinger, qui a fét pus d'veufes et d'orphélins qui n'a
» d'caïaux d'pus l'bachin jusqu'au pont d'l'Imbécile. »

« Mosieur Boulinger, j'ai été gueulard, curieux, déso-
» béissant ; més, si un fésot frire tous les gins qui botent à

» l'œil, et qui mettent leu nez du qui n'faut pas, j'cros

» qui faurot eune fameuse païelle !

» J'vos, Mosieur Boulinger, qué vos n'mé lachez né

» pa conisération, i faut qué j'vos parle dins vo n'intérêt.

» Jé n'sus pas pus gros qué l'busiau d'vo pipe ! qu'ést-

» ce qué vos porrez faire d'mi ? Si vos m'faites frire, vos

» n'mertrouvrites-té pus su l'païelle ! Eh puis, l'bure i

» est à n'un prix, à n'un prix !.. et bin souvint les

» paysans i n'y mettent-té pas l'compte !

» Ah ! si j'osos vos donner un conseil, j'vos diros :

» Mosieur Boulinger, ruez-me à l'iau ; mi, dé m'côté,

» j'vas m'dépécher à m'ingraisser, et dins deux ans, l'jour

» des chintes, à huit heures au matin, vos n'avez qu'à

» v'nir, vis-à-vis dé l'mason Delmère, pou m'rattraper,

» vos n'avez pas b'zon d'printe vos limes, vos n'avez qu'à

» chiffler après mi, vos m'perdrez à l'main.

» Qui-est-ce qui vos impéch'ra, Mosieur Boulinger,

» dé m'porter chez mosieur l'Angelus qui, d'contint'mint,

» vos astiqu'ra eune belle pièche d'chonq francs dins vo

» main ! »

Qu'est-ce-qué vos dites dé c'plidoyer-là , m'zamis ?

Ch'est qui avot d'l'astruque, c'pétit zique-là ! Et pourtant, i n'avot pont fét ses inhumanités ni s'drot ! Més, infin, qu'est-ce qu'un y f'ra ? I d'a qui sont avocats in v'nant au monne !

Awi, més fin contère fin, cha n'a jamés rien valu pou doublure, comme l'dit si bin l'brafe Pétout. Et puis avec cha, i a d'ces droles dé corps qui n'sé laichent-té pont adire pa les autes. L' pétit platiau étot mal quéhu, j'vos in réponds. I n'avot pont fini s'disconversation qu'Boulinger i s'met à li dire comme chà : « Tache un peu dé d'taire , espèce d'arnicroche ! t'com-minches à m'imbêter, vos-tu ! Si vos pinsez qu' vos avez affaire à n'un n'imbécile , allez buquer à l'porte du vizin.

» As-tu jamés vu , c'morveux-là , qui viendra ichi pleumer les marchands d'bure, m'donner des lois et m'compter eune tapée d'bernettes à coper au coutiau ou à vinte à l'life !

» Awi, m'fieu , j'vos bin à queulle intintion qu'vos sonnez à messe ! Cros-tu qué j'sus eune biête ? Més, m'fieu, si j'avos l'malheur dé t'lacher, pus jamés de la vie, un n'té r'vérot. Ti l'premier, t's'ros in tièto pou t'fiche d' mi. Non, m'camarate, pindint qué j'vos tiens, vos irez dins l'paielle, et pas pus long qu' aujourd'hui au soir. »

MORALE.

Quand vos avez eune bielle affaire, né l'lachez pont ; car, j'conos un proverbe qui dit : i vaut mieux avoir un mouchon dins s'main qu' deux su l'haie ! Suivez-l'toudi.

25 novembre 1861.

EL PAROISSIEN

cliqué pa sin Curé

I d'a qui ont toudi leu lanque bin aminchée, quand i s'agit d'insulter les gins qui ont eune soutane ; pace qui savent-té bin à qui i s'adrèchent, et qu'un n'leu rindra pont l'monnaie d'leu pièche.

I n'os'rotent-té pas, les fins cadets, aller crier : *Au piou piou*, à n'un soldat ! Les ratons leu quérotent d'sus l'dos, et les tampons (du qu'ch'est qu'vos savez bin) comme pleuève in orache.

Pou cha, i a d'certains curés un peu moins douches, et qui n'sé laichent-té pont marcher d'sus l'pied : quant à cha, j'sus d'leu n'avis.

I avot eune fos un brafe curé dins l'z'invirons d'Saint-Amand, bon comme l'pain, més qui n'avot pont, j'vos l'asseure, ses pognés au bout d'ses gampes.

Un jour, i s'in r'vénot d'chez un d'ses amices à l'lueur dé l'belle ; i avot b'zon d'traverser un bos. I étot in plein mitant, quand i intind crier : Couac !.. Couac !.. Couac !...

« Non des noms ! qui s'dit in li-même, ch'est asseuré eune biête qui crie ainsin ; et elle dot ête rud'mint grosse ! Més, qui assaie d'ercommincher ! J'vos li in fich'rai, mi, du couac ! »

No voyageur n'avot pas fait dix agambés, qui intind incore no boquion, car ch'in étot un, qui s'égosillot à faire l'cornaille. Mosieur l'curé, pa charité, n'li laiche pont user s'gasiau à crier : i r'trousse s'soutane, i saute l'fossé, et lé v'là qui file à travers les p'tits abes.

L'aute, qui l'vot v'nir à li, pou li parler latin, asseuré, n'attind pas s'visite ; i prind ses gampes à deux mains, et lé v'là qui s'sauve tant qui in peut prinne.

J'vos asseure qu' ch'étot cocase d'vir ces deux hommes queurir à deux au pus fort ! Chu qui a d'certain, ch'ést qu' j'aros bin donné deux sous dé m'poche pou vir l'coup d'œil qu'cha d'vot faire.

I z'étotent — té là à s'escrimailler d'puis quasimint chonq minutes, quand no curé, qui avot l'jarrét méieux, met l'main d'sus l'collet du d'zarteur. I l'attrape pa l'viante du dos, et sans pus s'fouler qu' si arot manié eune botte d'étrain, i vos l'fiche tout vivant sous s'bras, l'tiête par derrière, et l'train d'derrière, par dévant.

A ch't'heure, i prind s'main, et i comminche à li chirer s'mappemonne, in ajoutant à chaque calotte in guise d'erfrain : Jinn... Couac !... Jinnn... Couac !... Jinnnn... Couac !.. — Pardon, Mosieur l'curé, pardon !! — Jinnnnn... Couac !... — Pardon !! — Jinnnnn... Couac !... — J'né l'dirai pus, Mosieur l'curé, j'né l'di... ! — Jinnnn... Couac !... Tiens ! in v'là incore eune au d'seur du marché : jinnnnnn... Couaaac !!

Après chelle cliquate, no cliqueur met par tierre no cliqué, et sans r'wétier derrière li, i prind ses cliques et ses claques, et i s'in r'va à s'mason.

El paufe diabe, les pays-bas tout in compote, i s'in r'tournot tout péteux, n'savant qu'mint conter à s'feimme s'n'avinture. Quand tout à cop, i l'aperçot muchée derrière un blanc-bos.

A chelle vue, no cliqué n'sét pont si dot s'met in colère, s'sauver, ou bin s'mucher dins un tro d'lapin.

Més s'blanc bonnet, n'li laiche pont l'temps dé s'raviser, et elle comminche à l'abasourdir ainsin : « Eh bin, grande canaille, t'as eü l'danse, hin, grand lache, t'és pont honteux, grand fainéant, d'ingueuler ainsin un homme qui passot s'quémin bin tranquille ! T'as eü du bonheur qu' no curé t'a triqué comme t'méritos, sans cha, t'peux éte certain qu'in rintrant, j't'aros donné l'pus belle tournée d'manche à ramon qué t'n'as jamés eü d'ta vie ! Més, ch' n'est pont tout : j'm'in vas trouver Cath'rine, Jeanette et Bertine, et j'vas leu conter t'n'histoire, pou qu'ils l'racontent à tous les gins d'no n'indrot.

Les feimmes, i ont l'réputation d'avoir des mauvaises-é lanques. Qu'est-ce qu'un i f'ra ?

L'lind'main, tout l'villache connaissot l'fameuse affaire d'Jacques l'Boquion. Ch' étot des cancans par chi, des cancans par là... Les commères d'l'indrot i avalèrent pus d'deux chints tasses d'café pus qu'à l'ordinaire, taut i z'avotent des affaires à s'dire.

Poucha, les ceux qui s'sintotent—té morveux, i jurèrent—té leus grands saints d'taire leu bièque , quand i vérotent—té passer un curé ou bin un frère.

Et d'puis c'temps - là , Jacques l'Boquion , quanja d'baptistère, un né l'connaissot pus qu' sous l'nom d'bertèque d'Jacques *l'Cliqué*.

15 décembre 1861.

SCÈNE POPULAIRE

EL LETTE D'NOUVEL AN

d'un nouviau ginre

La scène se passe dans un village aux environs de notre ville. La dame de la maison est occupée à récurer sa batterie de cuisine.

BERTINE, (entrant tenant une bouteille et deux volumineux paquets.)

Bonjour Jeanette, té v'la tout in ouvrache.

JEANETTE.

Ah n'm'in parlé pas! j'vodros qu' celle gueuse d'nouvelle an elle s'in irot jé n'sés pont dù. Un est imbêté avé tous ces souhaiteux. Si vos avez l'malheur d'avoir du bon café ou bin eune bonne goutte, i vos quet des cousins pa quartrons... « Bonjour cousine, qui dichent-té comme cha, j'vos la souhaite bonne et hureuse... « Nom d'un chien, comme i fét frod, hin cousine ? » Un est bin forché d'les faire intrer, i votent-té l'marabou su l'étufe, si vos n'leu offrez pont eune tasse, vos passez pou des tiens.... Et ti, Bertine, ed dù qu' té r'viens ?

BERTINE.

J'ai été à l'ville faire mes implettes ; jé r'viens dé l'mon Tros-Doupes, dù qu' j'ai été quère un d'mi pot dé ch'nique, eune life d'café et eune démi life d'chuque.

JEANETTE.

In v'la pou faire jolimint des amices !

BERTINE.

I faut bin, l'innée passée, j'avos dit comme cha à m'n'homme : I nos faut nos indaller à Catiau-l'Abbie mette no tante **Pétronille** in bon an, et nos né r'vérons qu'au brun soir ; les gins aront biau buquer et rabuq'ras-tu, personne! Awi més, imagine-toi, fille, qué l'lind'main i sont arrivés tertoutes. Un arot dit l'procession dé l'Pintecoute ; un a bu m' café, m' pousse-café ; i d'avot qui avotent-té même l'toupé d'dire qué deux capuchins n'allotent-té jamés tout seu ; i fallot bin rimplir leu verre. Infin, i ont fét si bin qui ont fét vir l'leune à m' caf'tière et à m'boutelle. I z'arotent été capabes d'i pocher l'cul pou d'avoir d'avantache.

JEANETTE (interrompant.)

Ah les gueulards ! Cha, i n'a pas d'bon sins !

BERTINE.

Ch' n'ést pont tout, té sés bin l'velle du nouvel an, un aime bin d'éte prope. Eh bin, les sals gueux, un arot dit qui z'avotent été touiller l'berdouille des ruchaux avec leus sorlets pou v'nir l'rapporter d' dins no mazon. Awi, fille, m'chindrée, elle étot r'lugeante comme un miro, un

arot été capabe d'vir trois pous jeuer d'sus au darin à
décoper ; eh bin ! les saligauds, i l'ont arringée comme
un pourchi. Ah ! si -j'avos pu taper à l'cour l'pus grosse
ordure à cops d'ramon !..

(En ce moment entre dans la maison un enfant d'environ quatre
ans, tenant un papier à la main.)

JEANETTE.

Tiens , v'la no fieu ! Bonjour, Bébert ; dis bonjour à
Bertine , pétit... T'es tout cru , paufe pétite crotte !
Viens auprès d'l'étufe, pou t'récauffer... T'as faim, hin,
Bébert ?.. Tiens, v'la un raton qu' ma cousine Constance
elle t'a apporté.

BERTINE.

Awi més, fille, vos n'veyez pont chu qui a à s'main,
i a bin eune lette d'nouvel an !

JEANETTE.

Eune lette d'nouvel an ? Més ch' n'ést pont possible !

Més, j'n'in r'viens pont ! Eune lette d'bon an !.. Viens
ichi qué j'timbrasse, m'rot'lot ! (Elle l'embrasse à l'étouffer.)

BERTINE.

T'nez, fille, un infant d'quatre ans, cha vos fét d'ja
d'l'écriture comme un homme. Et l'instituteur i l'a vue,
hin Bébert ?

JEANETTE (vivement.)

Vos d'vez bin l'pinser, des chis-d'œufe pareils ! Tiens
v'là Cath'rine qui passe su l'rue, j'vas l'app'ler... Eh
Cath'rine !... Habile, acoutez-chi ; v'nez vir, Bébert, i a
fét eune lette ! !

CATH'RINE (arrivant.)

Ous-ce qui ést c'pétit philomène vivant ?.. Més in
vérité, ch'ést vrai. Ah ! n'm'in parlez pont, no n'insti-
tuteur i ést si capabe ! Cha vos ercode l'z'infants ! Eh
puis, ch'ést c'mosieur Désiré, i est instruit d'qu'au bout

d'ses onques. J'ai là l'pétit garchon dé m' fille , i sét
s'caticime, i connot l'arismétique, l'ristourique, l'analyce,
l'ostographe ; i vos récite des fabes tout par cœur, savez !
Et puis, ch'ést si biau qu'cha vos fét rire, et puis qu'cha
vos fét braire !

JEANETTE.

Pou che qui ést dé m' Bébert, un lairot là dé l'tarte
pou l'intiune dire s'fabe des deux chaufes. Ch'ést cha
cune saquoi d'biau ! Sinon qu'no p'tit fieu i a un catharre
qui li arrache s'poitraine, i vos l'déclam'rot.

Ch'ést comme qui dirot deux teigneux , qui s'arra-
chent-té l'téigniasse pou avoir un démêloir ; awi, més les
fichues biêtes, i sont tout étonnés quand i s'sont arraché
l'restant d'leu perruques, qué l'peine n'peut pus leu servir
à rien.

BERTINE.

Ah cha dot éte jolimint biau ! Més, té n'm'avot jamés
dit qué l'pétit garchon savot écrire.

JEANETTE.

Eh bin, fille dé Dieu, qui ést-ce qué ch'ést qui arot pinsé à cha ? Et surtout à c' n'âche-là. Eh non, Bébert, qu' vos écrivez d'pus longtemps ?

(Bébert, absorbé tout entier dans son cher raton, se fait répéter plusieurs fois la question ; enfin, il répond.)

BÉBERT.

En non, ma mère, jé n'sés pont écrire.

CATH'RINE (vivement.)

T'nez, vos veyez bin, comme i sont savants, cha vos fét des lettes d'nouvel an, et cha n'sét pont écrire. Ah ! Cath'rine, Ah ! Bertine, l'monte i vient trop malin. Ed no temps , ch' n'étot pas l'même ; nos allîmes chez mam'zelle Henriette apprinne no caticime pou faire no comminion, et puis ch'étot tout. Més, à ch't'heure !..

JEANETTE.

Qué damache tout d'même qu' nos n'savons pont lire

ni l'un ni l'aute ! I dot jolimint avoir des belles affaires su celle lette ! cha n'fét rien ; i n'a pus qu' patieinche à prinne, s'père i va rintrer des camps ; assisez-vous, j'vas vos verser eune tasse d'café.

CATH'RINE et BERTINE (se récriant.)

Ah non, pou cha, merci ; nos d'avons d'ja bel et bin bu, n'vos déringez pont !

JEANETTE.

Bon, à ch't'heure, i n'a pont d'déring'mint eune zique !

(Nos dames se laissent séduire, et, tout en humant la fine tasse du délicieux moka qui croît dans les plaines d'Onnaing (1), Bertine prend la parole.)

BERTINE.

Més Jeanette , qu' ést-ce qué nos allons faire dé

(1) Le terroir de cette commune fournit au commerce une grande quantité de chicorée.

c'pétit savant-là ? I n'peut pas carier fien, un pareil !

JEANETTE.

Eh bin, s'père, i veut in faire un avocat ; més mi, j'dis
qui vaut mieux qui fûche curé.

CATH'RINE et BERTINE (vivement.)

Oh més, fille, qué t'as raison !

CATH'RINE (continuant)

Cha Jeanette, si j'avos un conseil à t'donner, j'té
diros : Fés un curé dé t'fieu ; ch'est l'pus belle d'tous les
plaches ; un l'l'a si bielle quand un ést curé !..

JEANETTE (interrompant.)

Eh puis, quand-té j' s'rai vielle, et qué m' n'hom-
me i s'ra mort , j'irai d'meurer avé li. A c'temps-
là , Pierre n' m'impéch'ra pus d'faire eune tasse pou

régaler m' z'amices. Eh non, Bébert, qué t's'ras curé ?

BÉBERT (d'un ton doctoral.)

Awi, ma mère, j's'rai doyen d'Saint-Amand .

CATH'RINE.

T'nez, i cause d'jà comme un maîte ! (On entend en ce
moment le bruit d'une voiture entrant dans la cour.)

JEANETTE.

V'là Pierre, dépêchons-nous d'boire no tasse, i trou-
v'rot incore quéqu'chose à dire ! (On finit d'avaler la précieuse
liqueur, et Jeanette, saisissant coupes et soucoupes, les porte à la
relaverie.)

JEANETTE (criant par la fenêtre.)

Pierre ! Arrive bin vite, Bébert i a fét eune saquoi
d'biau ! Dépêche-ti, i a fét eune lette d'nouvel an !

PIERRE (d'un ton bourru.) ¡

Arrète toudi un moumint , laiche-mé dét'ler mes
qu'vaux ; si t'és pressée, queurs d'vant !

JEANETTE (à demi-voix et à elle-même.)

Dis-m'in peu chu qui a là d'sus ? (criant par la fenêtre.)
Allons, té n' viens pont, Pierre ?

PIERRE.

Allons, va, j'y sus.

JEANETTE (d'un ton pathétique.)

Ah ! Pierre , Ah m'n'amice , no fieu i a fét eune
lette ! L'instituteur i l'a vue, et i a dit qu'no garchon i
viendrot l'pus malin d'Saint-Amand. Pinsez, à c'l'âche-
chi ! No povons morir, allez, no garchon i f'ra s'quémin
li tout seu. Bébert i s'ra l'honneur d'no famille !

PIERRE (impatienté.)

Més, infin, un peut bin l'vire chelle lette !

JEANETTE.

Bébert , ést — ce qu'un peut l'ouvrir aujourd'hui ;
mosieur Désiré ést-ce qui l'a dit ?

BÉBERT.

En nan, i nos a seul'mint dit dé l'donner à no ma
mère.

JEANETTE.

Alors, ch'ést qu'un peut l'lire. T'nez, Pierre, lé v'la,
lisez tout haut, pace qué Bertine et Cath'rine i brûlent—té
dé l'intinte.

(Pierre d'un air doctoral, frotte ses yeux, prend son antique pince-
nez, et, après avoir toussé quelques coups, il saisit la missive ; il
l'ouvre.... Vous peindre la grimace que fit notre pauvre cultivateur
en dépliant la lettre, serait chose impossible.)

PIERRE (exaspéré.)

Més, tas d'foutues biêtes, ch'ést là l'lette qué vos avez à m'donner ? Eh ! fichues imbéciles, ch'ést l'note du trimesse qui vos faura aller payer quand vos irez à l'mon l'instituteur, et qu'un a donnée à c'l'infant pou n' pas acqueurir jusqu'ichi. Pou des souhaitaches d'nouvel an pareils, jé n' dai né à faire, j'vos in réponds.

Et sinon qu' vos n'avez pont pou deux doupes d'bon sins tertoutes insenne, vos dévrotent bin pinser qu'un mioche qui ara choncq ans à l'saint Nicaise, n' peut pont incore écrire.

Ah ! n' mé parlez pas d'ces tas blancs-bonnets ! cha n'est bon qu'à boire du café et à prinne, pou des lettes d'nouvel an, les notes qu'un leu z'apporte ! (Sur ce, Pierre sort tout en maugréant.)

JEANETTE.

V'là t'i pas mosieur tout in porée d'cherfeuil ! I s'monte comme eune soupe au lait !.. Hin Bertine, hin Cath'rine ; qui ést-ce qui arot cru cha! I n'a pas d'bon sins d'attraper les gins comme cha ! Ah més mi, quand j'irai payer l'maîte d'école, j'li in r'mettrai su s'n'assiette, d'nos jouer des tours ainsin !

CATH'RINE.

T'as raison, fille, i n' té faut pas l'manquer ; més l'monte i ôst si malin ! A r'voir, Jeanette.

JEANETTE.

A r'voir, Cath'rine, à vos r'voir, Bertine.

10 janvier 1862.

EL MARCOTTE

INTRÉE DINS UN GUERNIER

Un jour, chez un cinsier d'auprès d'l'églis' d'Elchelle,

    Eun' marcott' sans s'servir d'eune étielle,

    Etot montée, pa n'un tro d'un guernier,

    Dû qu'un mettot les andœuil' et les ués.

El tro n'étot pas grand... (I faut pourtant qu' jé l'diche...)

    Més, com' no biête avot mingé

    Eun' grand' berlafe ed' pain d'épiche,

Elle étot dév'nue maicq' vraimint à faire pitié,

Car elle avot été, chel' pauf' pétit' marcotte.

Pindint huit jours intiers, jours et nuits à l'culotte ;

Aussi, sans s'quoicher l'cou,

Elle avot pu passer tout oute ed qu'au nichou.

Pinsez, z'amis, les guins', les bos' et les rigdouilles

Qué l' geuz' dut faire avé ces bell' z'andouilles.

Quart'rons d'ués d'glenn', quart'rons d'ozons,

Quart'rons d'canards, et puis d'indons,

A l'queue leu leu passèrent dé leu n'écaille

Dins l'panch' tout' ronte ed no canaille.

Infin, ch'étot, pou ces mets friands,

L'nouviau massaque des INNOCENTS.

No galafe, asseuré, croyot qu' jamés personne

N' viendrot pou troubler s' n'erpas ou bin s'somme.

Hélas ! qu'ést-cé qu'un i f'ra ! les biêt', com' les gins,

Vot' souvint leu diner r'froidi pa l'zinnuyeins.

Verdi, jour solinnel du grand marché au bure,

Allot faire un pied d'nez au jeudi trépassé.

Colas, vaquier dé l'cins', pa s' maîtresse est d'mandé :

Vas-t-in, qu'ell' dit comm' cha, là-bas sous no toiture,

Inter no pigeonnier et no guernier à l'palle,

Té perdras deux andouil' pou porter chez Germain,

Et puis, six quart'rons d'ués pou l'marché dé d'main.

Fiat, no dame, qui dit. Et s'marche magistralle

Monte assez qu' no Colas i s'ra toudi Colas.

Muni d'un grand quertin, no dépeindeux d'andouilles

Arriv' tout assouflé juste à l'fin d'un erpas.

Jamés, au grand jamés, des pareil' ratatouilles

N'avotent-té resplindies à l'face du Solé.

Pour mi, jé n' porros pas vos r'présinter l'imache

Qu'offrot à c'momint-là l'implach'mint du carnache.

Y faudrot avoir vu Bastopol et l'Crimée....

Au mitant des débris d'écail' et puis d'gaun'd'ués,

Gisotent sans mouv'mint deux andouil' évintrées.

A chel'vue, Colas crot qué l'diabe est sorti d'tierre.

A d'mitant mort dé peur, i s'crot chez les damnés.

    Y veut s'sauver, i quet su s'nez

In plein dins l'z'ués cassés, et cri' d'eun' voix d'tonnerre :

« Mon Dieu, l'diabe in personn', Jésuse Maria !

« No dame !.. Au s'cours !.. Cath'rine !.. Ej'brûle !.. Aiaiaia !..

« Pardon ! m'sieur Luchifer, j' juerai tant qu'vos vorez,

« Jé m'soûl'rai... Tis, acqueurs parchi, vite, un m'assomme !

Aussitôt l'ferme intière es' léf' comme un seul homme,

Habil, l'dame attrape un énorme fourtiez,

Cath'rine un ramon d'bos, et Batis un flayau,

Et com' des vrais guerriers qui s'in vont à l'assaut,

I s'précipit' in foul' vers l'branlante étielle.

Ainsin, à no ducasse, un vot les gins d'Nivielle

Po Corbeau dévaler, ou bin pa chez Chotin,

Es' tuer, s'bousculer, et quéqu' fos un s'impone,

Pour intrer, j'nos' vos l'dire, à l'baraqu' Saint-Antone !

No colonn', hors d'haleine, leus armes dins leus mains,

I brûl'-té d'ête vainqueurs sous les ort' d'Jean Tis.

Colas, tiens-l'là, qu' jé l'tûche ! I vocifér' Batis.

Du qu'ch'ést qui ést? qué j'l'infourque ! el' crie à s'tour el dame.

Més, no vaquier pamé simble avoir rindu l'âme.

Pourtant, i fallot bin trouver c'fameux démon

Qui méttot sens sous d'seur, et guernier et mason ;

Bah wui ! pas tant seul'mint l'pus p'tit morciau d'corne !

Cath'rin' pus vif' qué l'z'aut', queurt vit' quère un crachet,

Elle arrife, elle éclaire, et un s'met à cacher,

Un r'wétiot justémint in d'sous d'eun' viel' comote,

Quand tout à cop Batis i quet d'sus no marcotte,

Qui s'brisiot les épaul' pou passer out' du trau....

« Vit'.. Parchi... Viens Cath'rine !.. Ah més, j'té tiens pa l'piau,

« Matine ! t' povos bin, comme un tas d'fichues biétes,

« Nos faire queurir ainsin, risqu'à casser nos tiétes !

« Eh pourtant, lé v'là bin, c' diabe, c' n'assommeux,

« Qui donnot les vénètes à c' fichu grand teigneux !

« A fichue gobeuse d'ués, vos pinsit' qué vo panche

« Toudi s'in fut restée si larq' qué vo biell' manche,

« Vos avez fét l'cocoche, eh bin, j'vas vos dercher.

Et pa l'queue l'attrapant, i qu'minche à fair' tourner

Tout à l'intour dé s'tiête no biête à d'mitant morte.

Puis, tout-à-cop l'lachant, i l'achèf' conte el porte.

Ramassée pa Cath'rin', no biête, prète à querver,

Est, chez Mosieur Walter, portée pou l'impailler.

MORALE.

Mes brav' liseus, mes bons amis,

Qui veyez mes babiol' avec autant d'plaisis,

Permettez qué j'vos diche ed cel' fabe

L' moral claire et véritabe.

Un vot, dins no bas monte, eun' certain' sorte ed' gins,

Qui n' print-té du pisson qu'in péquant dins l'ziaux troubes.

(I met', com' dit c'ti là, dins leu sa pus d'quate doubes,

Quand i n' d'ont qu' deux pour appoint'mint.)

Awi més, l'diabe un jour abandonne s'n'apote.

Un trouf' l'pot à ros'.... No péqueux veut s'sauver

Peur d'aller à l'och'tot. Pas moyen dé d'zarter.

Les poch' ed ses culott'³et ceul' dé s'biel' capote

I sont si plein' d'or et d'argent gripés.

Qui n'peut passer, malgré s'toupet,

Tout out dé l'porte étroite du fameux édific\

Dù qu' ch'ést qu'à tous, un nos rind la justice.

20 janvier 1862.

Table des Matières

Anzin, imp. E. Dugour.